COMITÉ CENTRAL DES HOUILLÈRES
DE FRANCE

GRANDE-BRETAGNE

LOI
DU 16 AOÛT 1920
(MINING INDUSTRY ACT)
RÉGLEMENTANT
L'INDUSTRIE MINIÈRE

PARIS
55, RUE DE CHATEAUDUN, 55

1920

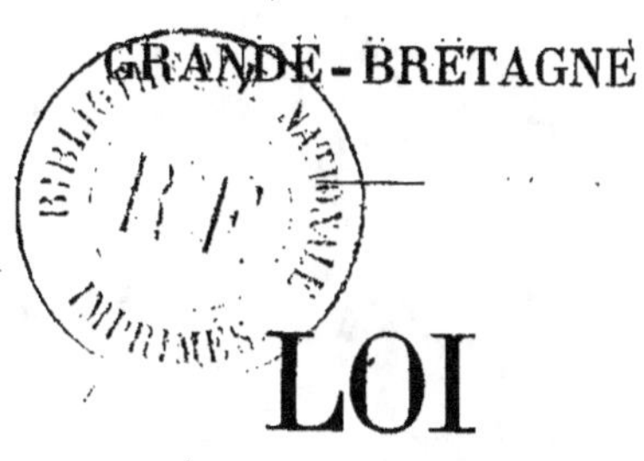

LOI

DU 16 AOÛT 1920

(MINING INDUSTRY ACT)

COMITÉ CENTRAL DES HOUILLÈRES
DE FRANCE

GRANDE-BRETAGNE

LOI

DU 16 AOÛT 1920

(MINING INDUSTRY ACT)

RÉGLEMENTANT

L'INDUSTRIE MINIÈRE

PARIS

55, RUE DE CHATEAUDUN, 55

1920

NOTE PRÉLIMINAIRE

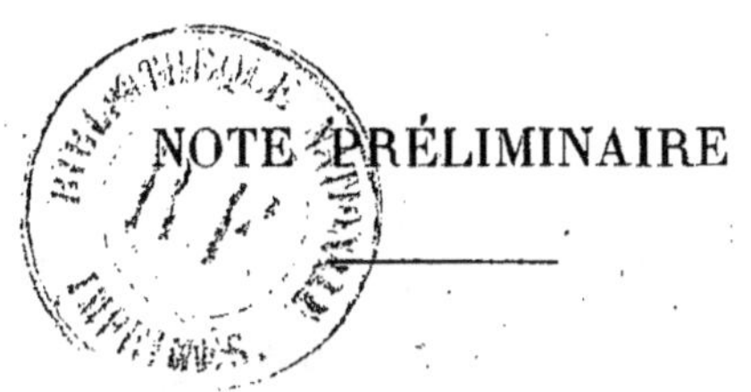

La Loi anglaise sur les Mines de 1920 (*Mining Industry Act* 1920) se réfère à diverses lois antérieures. Pour faciliter la lecture de ce texte :

1° Tous les renvois faits en cours d'articles aux articles de la loi minière de 1911 (*Coal Mines Act* 1911), servant de base ou modifiés sur divers points par la loi de 1920, sont numérotés entre parenthèses après chaque mention ; les textes visés sont intégralement reproduits à la fin de la brochure, après les Cédules de la Loi ;

2° Le texte du *Price of Coal (Limitation) Act* 1915, limitant les prix de vente des charbons anglais pendant la guerre, et abrogé par la présente loi (article 24), a été publié dans la circulaire du Comité des Houillères n° 5053, pages 2 à 4 ;

3° Le *Coal Mines (Emergency) Act* 1920, réglementant les bénéfices des houillères anglaises et instituant le contrôle financier de ces exploitations par l'Etat, dont la durée d'application est prorogée par l'article 3, § 6, de la présente Loi, fait l'objet d'un résumé (pour ses dispositions essentielles) dans la circulaire du Comité n° 5584.

GRANDE-BRETAGNE

MINING INDUSTRY ACT, 1920

TITRE PREMIER

Administration de l'industrie minière.

I. — En vue d'assurer le développement le plus complet
et l'utilisation la meilleure des ressources minérales du
Royaume-Uni, ainsi que la sécurité et le bien-être de toutes
les personnes employées dans l'industrie minière, il sera
créé un département spécial au Board of Trade (qui se
nommera *Mines Department* « Département des Mines »),
avec un Secrétaire d'Etat parlementaire (appelé dans cette
loi *the Secretary of Mines* « Secrétaire d'Etat des Mines ») ;
tous les pouvoirs et attributions du Board of Trade relatifs
aux mines et à l'industrie minière, qu'il détient soit en
vertu de cette loi ou autrement, devront être exercés par le
Secrétaire d'Etat aux Mines, en tenant compte des directives
données par le Board of Trade.

II. — 1° Le Board of Trade devra, en ce qui concerne
l'exercice de ses pouvoirs et attributions relatifs aux mines
et à l'industrie minière, prendre des mesures pour réaliser

les dispositions de l'article précédent, et devra, à partir d'une date que Sa Majesté arrêtera en Conseil, recevoir tous les pouvoirs d'un Secrétaire d'Etat en ce qui concerne la législation relative aux mines et aux carrières ;

2° S'il est jugé nécessaire de donner au Board of Trade tous les pouvoirs et attributions d'un autre Département ministériel relatifs aux mines, carrières, substances minérales, à l'industrie minière ou aux personnes qui y sont employées (que ceux-ci aient été conférés à ce département par Statuts ou autrement), ou s'il est également jugé nécessaire que ces pouvoirs ou attributions soient exercés par le Board of Trade concurremment ou en collaboration avec le département ministériel précité, un ordre (*order*) spécial de Sa Majesté rendu en Conseil en déterminera les modalités ;

3° Le Board of Trade aura dans ses attributions la réunion, la préparation et la publication de renseignements et de statistiques concernant l'industrie minérale : dans ce but, il aura à collaborer avec les Commissions du Conseil Privé formées à cet effet, et avec tous les autres départements ministériels intéressés, en ce qui concerne l'initiative et la direction des enquêtes sur les sujets rentrant dans ses attributions ;

4° Sa Majesté pourra arrêter dans un ordre pris en Conseil toutes les dispositions nécessaires ou utiles pour donner plein effet à tous les transferts d'attributions effectués en vertu de cette loi ; en particulier les dispositions pour le transfert et la collocation de toute propriété, droits et responsabilités dont jouit ou qui incombent à un département ministériel en vertu des attributions transférées ; Sa Majesté pourra déterminer les applications des lois ou règlements particuliers à ces attributions lorsqu'il paraîtra nécessaire de les faire exercer par le Board of Trade ;

5° Avant qu'un ordre en Conseil ne soit rendu en exécution du présent Titre de cette loi, il devra être publié un avis indiquant que l'ordre va être rendu, ainsi que l'indication des endroits où des copies ou extraits de l'ordre pourront être obtenus ; cette publication sera faite dans les Gazettes de Londres, d'Edimbourg et de Dublin, suivant le cas, et de toutes manières que le Board of Trade jugera bonnes pour assurer une publicité suffisante à cet avis ;

6° Tout ordre en Conseil pris en exécution du présent Titre pourra être modifié ou abrogé par un autre ordre rendu dans les mêmes conditions ;

7° Le transfert au Board of Trade des attributions stipulées dans la présente loi est réglé par la première Cédule de la présente loi.

III. — 1° Pendant un délai d'un an à dater du 23 août 1920, le Board of Trade aura le droit de réglementer de temps à autre :

a) Les exportations de charbon et la fourniture de charbons de soute aux navires ;

b) Le prix sur le carreau de la mine du charbon vendu pour la consommation intérieure des Iles Britanniques, et du charbon vendu pour l'approvisionnement en soutes des navires autres que ceux faisant route vers des ports situés en dehors des Iles Britanniques ;

2° Pendant la durée légale d'application de ces décisions, le Board of Trade aura également le droit de déterminer le montant des salaires à payer aux ouvriers des mines de combustibles, de réglementer la distribution des bénéfices ; ce règlement devra contenir des dispositions basées sur des principes semblables à ceux prévus par le *Coal Mines (Emergency) Act*, 1920, de façon à répartir, dans la mesure du possible, ces bénéfices d'une façon équitable entre les différentes houillères.

Avant la publication de ce règlement, un extrait en devra être présenté aux deux Chambres du Parlement, et la publication n'en sera faite que lorsque l'extrait en aura été approuvé par une résolution des deux Chambres du Parlement, ou avec les modifications que ces deux Chambres pourraient y apporter ;

3° Toute personne qui exportera, vendra, fournira,
offrira de vendre, ou essaiera d'exporter ou de fournir du
charbon contrairement aux instructions données en exécution du présent Titre de cette loi, ou qui contreviendra de
toute autre manière à des instructions de cette nature, sera
passible d'une amende n'excédant pas 100 (cent) livres
sterling. En cas de contravention aux instructions relatives
à l'exportation, à la fourniture ou au prix du charbon, elle
sera passible d'une amende dont le montant sera fixé par le
tribunal ; le maximum de cette amende sera le triple de
l'excédent de la somme représentant le charbon exporté,
fourni ou vendu en contravention sur la valeur du charbon
vendu conformément aux règlements ; en outre, le charbon
exporté frauduleusement, transporté dans un endroit ou un
port pour être embarqué, soit comme charbon d'exportation,
soit comme charbon de soute, sera confisqué en vertu du
Customs (Consolidation) Act, 1876, ainsi modifié :

« Les poursuites, en ce qui concerne les fraudes tombant
sous le coup du présent Titre, seront, nonobstant les dispositions d'une autre loi, entamées dans le délai d'un an à
partir du jour où la fraude aura été commise » ;

4° Le Board of Trade exercera les attributions et donnera
les instructions indiquées plus haut après l'expiration du
délai prévu d'un an, jusqu'au 31 mars 1922, si l'exercice de
ses attributions est autorisé par une résolution des deux
Chambres du Parlement ;

5° Toute ordonnance rendue en exécution du présent
Titre prendra effet à partir de la date indiquée dans cette
ordonnance (cette date peut être antérieure à celle de la
promulgation), sauf abrogation ou modification par une
autre ordonnance ;

6° Le *Coal Mines (Emergency) Act*, 1920, continuera à
être en vigueur jusqu'à la date à partir de laquelle la
première ordonnance rendue en exécution du présent Titre

de cette loi prendra effet, ou jusqu'au 31 août 1921 au plus tard ; ladite loi sera en vigueur comme si son article 11, au lieu de stipuler la date du 31 août 1920, contenait une indication relative à la date à laquelle la loi est prorogée en vertu de la présente disposition ;

7° Les dispositions prévues dans le présent Titre relatives aux exportations de charbons s'appliquent au coke, briquettes, et tout autre combustible solide dans lequel entrent du charbon ou du coke, de la même manière qu'elles s'appliquent au charbon.

IV. — 1° Le Board of Trade nommera des commissions consultatives pour les questions se rapportant au charbon, à l'industrie houillère et à l'industrie des minerais métalliques ; il nommera une ou plusieurs commissions consultatives pour les questions relatives aux mines et à l'industrie minérale. La nomination des membres de ces commissions ne sera faite qu'après consultation des différents intéressés ;

2° Le Board of Trade transmettra pour avis à une commission consultative toutes questions relatives à ses pouvoirs et attributions en ce qui concerne les mines et l'industrie minière qui sembleront de nature à être soumises à cette commission, et le Board of Trade devra prendre en considération toutes les observations faites par ladite commission ;

3° La Commission consultative du charbon et de l'industrie houillère comprendra un président et vingt-quatre membres, dont :

Quatre représentants des propriétaires de mines de combustible ;

Quatre représentants des ouvriers des mines de combustible ;

Trois représentants des industriels autres que les exploitants de houillères ;

Trois représentants des ouvriers des mêmes industries ;

Un ingénieur des mines (*mining engineer*) ;

Deux directeurs ou sous-directeurs de houillères de première classe ;

Un exportateur de charbon ;

Un négociant en charbon (*Coal factor or coal merchant*) ;

Une personne ayant l'expérience des affaires autres que la production ou la répartition du charbon ;

Un spécialiste des questions de coopération ;

Trois personnes ayant une connaissance approfondie de la médecine ou de toute autre science.

V. — 1° Le traitement annuel du Secrétaire d'Etat aux Mines ne devra pas dépasser la somme de 1.500 livres sterling ;

2° Les traitements et les dépenses du département des mines, dont le montant devra être approuvé par le Trésor, seront payés sur les crédits prévus par le Parlement, étant entendu que ce montant ne devra pas dépasser annuellement 250.000 livres sterling ;

3° Le Board of Trade et tous les autres départements ministériels arrêteront, d'accord avec le Trésor, la liste des fonctionnaires des autres départements ministériels qui devront être attachés au Board of Trade, en exécution des attributions conférées à ce dernier en vertu de la présente loi ;

4° Le Board of Trade réglera, de la manière qu'il estimera être la meilleure, les occupations et les emplois du temps du personnel attaché à son administration ; le personnel devra remplir ses obligations de la manière indiquée par le Board of Trade. Il est entendu que ledit personnel ne sera pas dans une situation inférieure en ce qui concerne les emplois, traitements ou mises à la retraite qu'il ne l'aurait été si la présente loi n'avait pas été votée.

VI. — Les fonctions de Secrétaire d'Etat aux Mines n'en rendent pas le titulaire incapable d'être élu, de siéger ou de voter en tant que membre de la Chambre des Communes du Parlement.

TITRE II

Réglementation des mines de combustibles.

VII. — Le Board of Trade établira des règlements (*regulations*) en vue de la constitution :

a) D'un *Comité de fosse* (pit committee) pour toute mine de charbon dans laquelle les ouvriers employés au fond et au jour auront voté en faveur de la création de ce Comité (ce vote aura lieu au scrutin secret (ballot), conformément auxdits règlements) ; il ne sera toutefois pas nécessaire de constituer un Comité de fosse pour les mines définies « petites mines » (small mine), dans le sens attribué à cette expression par le *Coal Mines Act*, 1911 ;

b) D'un *Comité de district* (district committee) pour chacun des districts indiqués dans la première partie de la seconde Cédule de la présente loi ;

c) D'un *Comité régional* (area board) pour chacune des régions indiquées dans la deuxième partie de cette même Cédule ;

d) D'un *Comité national* (national board).

Le but de ces Comités sera déterminé par les règlements établis en exécution de cette loi, de même que leur méthode de travail et les dates de leurs réunions.

Il est entendu que :

1° Lorsqu'un district se confond avec une région, le Comité de district remplira à la fois le rôle de Comité régional et de Comité de district ;

2° Le nombre et les limites des districts et des régions peuvent être modifiés par décision du Board of Trade, après avis du Comité national et avec l'approbation des Comités de district ou des Comités régionaux intéressés ;

3° Lorsqu'une mine située dans un district a été, en

pratique, toujours traitée comme si elle était située dans un district voisin, cette mine pourra, en vue de l'exécution du présent Titre de cette loi (si le propriétaire et le personnel de la mine y consentent toutefois), être considérée comme située dans ce district voisin.

VIII. — 1° Les Comités de fosse seront composés de dix membres au plus, qui seront : *a*) des représentant des propriétaires et de la direction de la mine nommés par les propriétaires et *b*) des ouvriers du fond ou de la surface choisis au scrutin par l'ensemble du personnel, conformément au règlement et proportionnellement à leur nombre ; les représentants des ouvriers formeront la moitié au moins du nombre total des des membres du Comité de fosse ;

2° L'objet du Comité de fosse est d'étudier et de présenter des observations sur :

a) La sécurité, l'hygiène et le bien-être des ouvriers en ce qui concerne les conditions de travail de la mine ;

b) Le maintien et l'augmentation du tonnage extrait (output) ;

c) Les rapports d'inspection faits en vertu de l'article 16 du *Coal Mines Act*, 1911 ; ces rapports seront soumis au Comité par le directeur ;

d) Les conflits survenus relatifs à la mine, y compris ceux relatifs aux salaires ;

e) Toutes autres questions concernant la mine et qui seront indiquées par les règlements ;

3° Dans toutes les mines ayant un Comité de fosse, le Comité aura dans ses attributions la direction de l'aménagement et des facilités à donner aux ouvriers en ce qui concerne les bains, douches et séchoirs à vêtements établis conformément à l'article 77 du *Coal Mines Act*, 1911* ; le Comité de fosse remplacera, dans ce cas, le Comité spécial institué par l'article 77 (5) précité ;

---

* Voir aux notes, p. 24 et 25.

4° Les règlements du Board of Trade devront indiquer les questions de la compétence du Comité de fosse et qui devront être soumises au Comité de district ; dans le cas où ces questions provoqueraient une application du *Coal Mines Act*, 1911, elles devront être soumises à l'inspecteur divisionnaire des mines ;

5° Pour permettre au Comité de fosse d'exercer les attributions prévues aux paragraphes *a* et *b* de l'article 2 du présent Titre, le Comité a le droit de demander au directeur de l'exploitation tous les renseignements nécessaires à cet effet ; le Comité pourra nommer deux de ses membres, un faisant partie de la direction de la mine et l'autre ouvrier, afin d'inspecter périodiquement l'exploitation et de faire connaître au Comité le résultat de leurs inspections ; les personnes chargées de cette mission devront avoir toutes les facilités pour faire ces inspections au même titre que les inspecteurs prévus par l'article 16 du *Coal Mines Act*, 1911, qui portera également effet dans ce cas ;

6° Le directeur de l'exploitation transmettra à l'inspecteur divisionnaire toutes les observations du Comité de fosse faites en vertu de l'article 16 du *Coal Mines Act*, 1911, sur un rapport présenté au Comité, de même que les observations sur toutes les matières dont il est question dans la loi précitée.

IX. — 1° Le Comité de district comprendra des représentant des propriétaires et directeurs des houillères du district, nommés par les propriétaires conformément aux règlements instituant le Comité ; il comprendra également un nombre identique de représentants des ouvriers employés au fond ou à la surface de ces mines et qui seront élus par tous les ouvriers conformément aux mêmes règlements ;

2° L'objet du Comité de district est de s'occuper :

a) Des sujets relatifs au district, identiques à ceux étudiés par les Comités de fosse et sur lesquels ceux-ci auront formulé leurs observations ;

b) De toutes les questions transmises par les Comités de fosse ;

c) De toutes les questions transmises soit par les Comités régionaux, soit par le Board of Trade.

Si l'une de ces questions est de la compétence d'un Comité régional plutôt que de celle d'un Comité de district, elle devra être transmise au Comité régional ; dans tous les autres cas, le Comité de district devra étudier lui-même la question et formuler toutes les observations qu'il jugera utiles ; si ces observations ne sont pas prises en considération, il devra les transmettre au Board of Trade en y joignant un rapport spécial.

X. — 1° Le Comité régional comprendra des représentants des propriétaires et directeurs des houillères de la région, nommés, conformément aux règlements instituant le Comité, par les représentants des propriétaires et directeurs qui sont membres des différents Comités de district composant la région ; il comprendra aussi un nombre égal de représentants des ouvriers employés au fond ou à la surface de ces mines et qui seront nommés par les représentants ouvriers membres des Comités de district de la région ;

2° L'objet du Comité régional est de s'occuper :

a) Des questions relatives à la région et identiques à celles de la compétence du Comité de district ;

b) De toutes les questions soumises par un Comité de district ;

c) De toutes les questions soumises par le Comité national ou le Board of Trade.

Si la question est de la compétence du Comité national plutôt que de celle du Comité régional, en ce sens qu'elle intéresse plusieurs régions, elle devra être soumise au Comité national ; dans tous les autres cas, le Comité régional étudiera la question lui-même, présentera les observations qu'il jugera utiles et, au cas où ces observations n'auraient pas de suite pratique, il les soumettra au Board of Trade avec un rapport spécial ;

3° Les Comités régionaux établiront, à des moments et suivant des directives prescrits par le Comité national, des projets relatifs à la mise au point des salaires ouvriers de la région, en tenant compte, entre autres considérations, des bénéfices de l'industrie houillère dans cette même région ; chacun de ces projets, une fois établi, devra être soumis au Comité national pour approbation et, dès l'obtention de cette dernière, soumis au Board of Trade.

Pour l'application de cet article, les propriétaires de mines de la région devront fournir à des experts comptables (*accountants*) nommés par le Comité régional tous les renseignements utiles, de façon à pouvoir connaître la production, le prix de revient, les revenus et bénéfices de la région et renseigner les Comités régionaux sur ces points.

Les points relatifs aux salaires ne pourront être établis pendant la période d'application du *Coal Mines* (*Emergency*) *Act* 1920 ; ni, si le Board of Trade l'ordonne, tant qu'un règlement du Board of Trade relatif à la distribution des bénéfices, et pris en exécution du titre I de la présente loi, est en vigueur ;

4° Il est interdit à tout expert-comptable, nommé comme il est dit plus haut, d'insérer dans son rapport ou de révéler publiquement des renseignements relatifs à une entreprise particulière ; en cas d'infraction à cette prescription, il se rendra coupable d'un délit et sera, après condamnation expéditive, condamné à une amende de 50 livres sterling au maximum.

XI. — Le Board of Trade pourra, par règlements spéciaux, accorder à des Comités de district ou à des Comités régionaux l'étude de certaines questions et l'exercice de certains pouvoirs qui, avant le vote de la présente loi, étaient étudiés ou exercés par un Comité de conciliation ou un Comité mixte de district constitué en vertu du *Coal Mines* (*Minimum wage*) *Act* 1912 ; ces règlements devront prévoir la nomination d'un président indépendant, ayant voix prépondérante, pour présider les réunions d'un Comité de district ou Comité régional quand ces derniers étudieront une telle question ou exerceront un tel pouvoir ; ces règlements pourront modifier les limites des districts indiqués dans la cédule du *Coal Mines (Minimum wage) Act* 1912.

Il est entendu que les règlements ne pourront prévoir la nomination d'un président indépendant lorsque le Comité de district ou Comité régional siégera en tant que Comité de conciliation, sauf accord spécial dans ce but.

XII. — 1° Le nombre des membres du Comité National sera fixé par le Board of Trade ; sur ce nombre, la moitié représentera les propriétaires et directeurs de houillères du Royaume-Uni, et l'autre moitié les ouvriers employés au fond et au jour dans les mines ;

2° L'objet du Comité National est de s'occuper :

a) Des questions intéressant l'industrie houillère en général, y compris celles relatives aux salaires ;

b) De toute question soumise par un Comité régional ;

c) De toute question soumise par le Board of Trade.

Le Comité National présentera des observations sur ces questions ; lorsque ces dernières ne seront pas prises en considération, où lorsque le Comité le jugera utile, il transmettra ces observations au Board of Trade avec un rapport spécial ;

3° Le Comité National déterminera, d'accord avec le Board of Trade, la manière dont les Comités régionaux devront établir, conformément au présent Titre de cette loi, les projets de mise au point des salaires ; le Comité National devra également examiner ces projets lorsqu'ils lui seront soumis pour approbation.

XIII. — Lorsque des observations faites par un Comité de district, un Comité régional ou le Comité National, ou un projet établi par un Comité régional et approuvé par le Comité National, ont été adressés au Board of Trade dans les conditions prévues ci-dessus, ce dernier devra examiner les observations ou le projet en question ; il pourra, s'il le juge utile, ordonner à toute personne employée dans l'industrie houillère de s'y conformer ; en cas de refus, cette personne sera considérée comme ayant violé le *Coal Mines Act*, 1911.

Il est bien entendu que, lorsque les observations présentées seront relatives à un sujet intéressant un département ministériel autre que le Board of Trade, ce dernier devra, avant de prendre une décision, se mettre d'accord avec le département intéressé.

XIV. — Pour les dispositions antérieures du présent Titre de cette loi, l'expression «. observation » (recommendation) signifie une observation approuvée par la majorité des représentants des propriétaires et des directeurs, ainsi que par la majorité des représentants des ouvriers présents à la séance dans laquelle cette observation a été adoptée.

XV. — Les membres des Comités de fosse toucheront des jetons de présence dont le montant sera prévu par les règlements ; ces jetons, de même que toutes les dépenses faites en vertu des règlements par lesdits Comités pour l'exercice de leurs fonctions, seront payés par le propriétaire de la mine et imputés au compte « dépenses d'exploitation » (*Working expenses*).

XVI. — Les dispositions des articles 86 et 117, et la première partie de la seconde cédule du *Coal Mines Act*, 1911*, relatifs aux règlements généraux, continueront d'être en vigueur, sauf toutefois les modifications relatives à ces règlements déterminés par le présent Titre de cette loi.

XVII. — Si, à l'expiration d'un an à dater de la promulgation de la présente loi, le Board of Trade constate que le présent Titre de la loi a été rendu inopérant par la faute des personnes chargées de nommer les membres des Comités de fosse, de district, des Comités régionaux, et du Comité

---

* Voir aux notes, p. 26 et 27.

National, et qui ne l'ont pas fait, le Board of Trade fera un rapport relatant les faits et le soumettra au Parlement ; trente jours après la date à laquelle ce rapport aura été soumis (et ce, pendant la durée de la session), toutes les dispositions du présent Titre de cette loi cesseront d'être en vigueur, à moins qu'une résolution contraire n'ait été votée par les deux Chambres du Parlement pendant le délai ci-dessus indiqué.

TITRE III

Dispositions générales.

XVIII. — 1° Le Board of Trade aura le droit, après avoir demandé l'avis du Comité de district ou des Comités intéressés, ou après toute autre enquête qu'il jugera utile, d'établir des plans relatifs à l'écoulement des eaux pour un groupe de mines déterminé, ainsi que pour la répartition, entre les propriétaires de ces mines, de toutes dépenses d'intérêt commun nécessitées par l'exécution de ces plans ; tous les plans de cette nature pourront modifier ou abroger une loi locale relative à cet écoulement ;

2° Le Board of Trade pourra adopter dans ce but, avec ou sans modifications, tous plans relatifs à l'écoulement des eaux d'un groupe de mines déterminé et qui sera proposé par un ou tous les propriétaires de ces mines ;

3° Les dispositions des articles 86 et 117 et la première partie de la seconde cédule du *Coal Mines Act*, 1911, relatifs aux règlements généraux, continueront d'être en vigueur avec les modifications suivantes :

Il est entendu qu'avant tout projet entraînant modification ou abrogation d'une loi locale, ce projet devra être soumis à chacune des Chambres du Parlement pour une période d'au moins quatorze jours de session ; et, si l'une ou l'autre Chambre, avant l'expiration de ce délai, présente à Sa Majesté une adresse contraire à l'ensemble du projet ou à l'une de ses parties, aucune mesure d'exécution relative à ce projet ne pourra être prise à moins d'établir un nouveau projet.

XIX. — 1.º Les dispositions des articles 86, 87* et 117, et la seconde cédule du *Coal Mines Act*, 1911, (relatifs à l'élaboration des règlements généraux et particuliers), s'appliqueront aux mines métalliques dans le sens des *Metalliferous Mines Regulation Acts*, 1872 à 1875, comme si ces lois étaient promulguées de nouveau et de façon à être applicables aux mines en question ; il y aura toutefois lieu de substituer dans l'article 86 (en ce qui concerne le Titre II ou la troisième cédule du *Coal Mines Act*, 1911) un renvoi aux règles générales de l'article 23 du *Metalliferous Mines Regulation Act*, 1872 ;

2° Pour l'exécution des *Metalliferous Mines Regulation Acts*, 1872 à 1875, l'expression « mine » ne comprend pas les opérations de préparation des demi-produits autres que les procédés habituels de préparation des minerais en vue de la vente.

XX. — 1° Il sera constitué un fonds spécial destiné au bien-être, à l'organisation des loisirs et aux conditions d'existence des ouvriers mineurs du fond et de la surface, ainsi qu'à l'enseignement professionnel et aux services des recherches : le Board of Trade approuvera l'emploi de ce fonds, d'accord avec les autres départements ministériels intéressés ;

2° Les propriétaires de toutes les mines de charbon devront, avant le 31 mars 1921, et les cinq années suivantes, verser à ce fonds une somme égale à un penny par tonne de la production de la mine pendant l'année légale précédente ; les sommes ainsi versées par chaque mine seront considérées comme dépenses d'exploitation (*Working expenses*) de la mine et seront recouvrables comme dettes de la Couronne ou, par le Board of Trade, comme dettes civiles.

---

* Voir aux notes, p. 26.

Pour le premier versement, le montant sera calculé sur la production du semestre se terminant le 31 décembre 1920 ;

3° La répartition des sommes dudit fonds pour les buts indiqués plus haut sera faite par une commission de cinq personnes, nommées par le Board of Trade, dont l'une sera nommée par le Board of Trade sur la proposition de la *Mining Association of Great Britain*. La commission sera assistée de trois représentants nommés respectivement par le Ministre de l'Hygiène (*Minister of Health*), le Ministre de l'Instruction publique (*Board of Education*), et le Secrétaire d'Etat pour l'Ecosse (*Secretary for Scotland*) ; ces trois représentants auront voix consultative ; les départements ministériels susmentionnés pourront nommer des assesseurs (*assessors*) pour des questions déterminées.

La commission devra étudier tous les projets soumis par un Comité de district ; avant d'accorder une subvention pour un besoin local, elle devra consulter le Comité de district intéressé ; la commission pourra allouer aux différents districts indiqués dans la première partie de la seconde cédule de la présente loi des sommes égales aux quatre cinquièmes des versements effectués par les propriétaires de mines de charbon de ces districts ;

4° La commission pourra demander aux autorités locales de lui soumettre un projet de répartition du fonds en question, et, si ce projet est adopté, elle pourra accorder à ces autorités des subventions sur ce fonds dans les conditions qui lui sembleront les meilleures.

Il est entendu qu'aucune subvention ne pourra être accordée pour la construction ou la réparation de maisons d'habitation ;

5° Lorsqu'une somme aura été allouée pour couvrir, en totalité ou en partie, les dépenses nécessaires pour l'aménagement ou les facilités pour l'usage des bains-douches et des séchoirs à vêtements des ouvriers, et lorsque ce programme aura été réalisé, l'article 77 du *Coal Mines Act*, 1911, sera en vigueur comme si ces travaux avaient été faits en exécution de cet article 77.

Il est toutefois prévu que :

a) Les frais d'entretien ne comprendront pas l'intérêt du capital dépensé pour la partie des dépenses couvertes par la subvention fournie par le fonds spécial ;

b) La contribution des ouvriers aux frais d'entretien sera diminuée au prorata de la somme du fonds spécial concourant aux dépenses totales ;

6° Les paiements et versements du fonds spécial, toutes les autres opérations relatives à ce fonds, et les sommes existant au crédit de ce fonds (y compris les placements temporaires) seront faits et réglés conformément aux instructions que le Board of Trade donnera à cet effet, d'accord avec le Trésor ;

7° Le Board of Trade fera dresser, pour chaque exercice se terminant le 31 mars, un compte qui sera transmis au *Comptroller* et à l'*Auditor-General*, qui certifieront ce compte et feront un rapport à son sujet ; le compte et le rapport seront soumis au Parlement.

XXI. — 1° Tous les propriétaires, agents et directeurs de mines, toute personne employée dans l'industrie minière, devront fournir au Board of Trade, conformément aux règles édictées par ce dernier, tous les comptes, statistiques, rapports, plans et autres renseignements dont le Board of Trade pourra avoir besoin pour l'exercice des attributions qui lui sont conférées par la présente loi.

Aucun rapport publié ne pourra contenir de renseignements relatifs à une entreprise particulière, sauf consentement du propriétaire de l'entreprise ; toute personne susceptible d'obtenir de tels renseignements en vertu des présentes dispositions devra prêter serment de respecter le secret professionnel dans la forme prescrite par le Board of Trade ; toute personne qui contreviendra à la déclaration qu'elle aura ainsi souscrite sera coupable d'un délit et passible soit d'un emprisonnement maximum de deux ans, avec ou sans *hard labour*, soit d'une amende de 100 livres sterling, au maximum, soit à la fois de l'emprisonnement et de l'amende.

XXII. — 1° Le Board of Trade pourra ouvrir toutes les enquêtes qu'il jugera nécessaires ou utiles pour l'exécution de la présente loi ; le Board of Trade aura le droit, de même que l'enquêteur nommé par ce dernier s'il y est dûment autorisé, de requérir toute personne, moyennant paiement de ses frais de déplacement, d'être témoin et de donner des preuves, ou de produire tous documents en sa possession relatifs à l'enquête, au même titre que si ces productions devaient être faites devant un tribunal ; toute personne qui, sans excuse valable, contreviendra aux dispositions d'un tel ordre, sera passible, après condamnation expéditive, d'une amende maximum de 5 livres sterling, et l'enquêteur du Board of Trade aura le pouvoir de déférer le serment dans ce cas ;

2° Les comptes-rendus des enquêtes seront publiés et distribués conformément aux instructions générales ou spéciales données par le Board of Trade.

Les pouvoirs du Board of Trade en vertu du présent Titre n'abrogent pas les autres pouvoirs d'enquête qui lui seront transmis par un autre département ministériel en vertu de la présente loi.

XXIII. — Le Board of Trade et un autre département ministériel pourront s'entendre pour l'exercice, par ce département ou par le Board of Trade, de l'une quelconque des attributions soit du Board of Trade, soit du département en question relatives aux mines et à l'industrie minière qui leur sembleront ainsi pouvoir être mieux exercées ; dans ce cas, le département en question et ses fonctionnaires (*officers*), ou le Board of Trade et ses fonctionnaires, suivant le cas, auront toutes les attributions appartenant normalement à l'une ou à l'autre de ces administrations.

XXIV. — Le *Price of Coal* (*Limitation*) *Act*, 1915, sera abrogé à dater du 1er septembre 1920.

XXV. — Pour l'interprétation de cette loi, et à moins que le contexte n'exige le contraire,

les termes « propriétaire » (*owner*) et « agent » (*agent*) ont la même signification que dans le *Coal Mines Act*, 1911*, ou le *Metalliferous Mines (Regulation) Act*, 1872, suivant le cas ;

le terme « production » (*output*) pour une mine de charbon comprend l'agent (*agent*), le directeur, les sous-directeurs, les états-majors (*staff*) technique et administratif, ainsi que les députés (*deputies*), bouteleux (*firemen*) et surveillants (*examiners*) ;

les termes « mines » (*mines*) et « industrie minière » (*mining industry*) comprennent respectivement les carrières et l'industrie des carrières ;

Le terme « production » (*output*) pour une mine de charbon signifie le tonnage de charbon marchand amené et pesé au carreau de la mine.

XXVI. — Cette loi sera appelée « *Mining Industry Act* 1920 »

---

* Voir aux pages 29 à 31 des notes, les art. 2, 3, 4, 5 et 6 du *Coal Mines Act*, 1911.

CÉDULES

PREMIERE CEDULE

Dispositions transitoires.

1° Pour l'interprétation et les besoins de toute loi, jugement, décrets, ordonnances, arrêts, actes, contrats, règlements, statuts, ou tout autre document voté ou établi avant le transfert au Board of Trade des pouvoirs ou charges de tout autre département ministériel en vertu de la présente loi, le nom du Board of Trade sera substitué à celui de cet autre département ou de l'un de ses fonctionnaires, mais seulement dans la mesure où cette substitution sera nécessaire pour l'exécution ou comme conséquence du transfert précité :

2° Pour tout ce qui a été commencé par un autre département ministériel avant le transfert au Board of Trade des pouvoirs et charges de la présente loi, et lorsque les choses commencées seront en relation avec les pouvoirs et attributions ainsi transférés, le Board of Trade pourra les terminer ou les compléter ;

3° Lorsque, au moment du transfert de pouvoirs et charges indiqués dans la présente loi, une procédure légale est entamée dans laquelle un département ministériel est une des parties, et lorsque cette procédure se rapportera aux pouvoirs et charges qui lui sont transférés en vertu de la présente loi, le Board of Trade devra être substitué à l'autre département ministériel, sans pour cela que la procédure en question puisse être rendue nulle du fait même de cette substitution.

DEUXIÈME CEDULE

PREMIÈRE PARTIE

Districts houillers.

Noms des Districts.	Comtés ou parties de Comtés compris.
1. Fife et Clackmannan.	Comté de Fife, Clackmannan, Kinross et Sutherland.
2. Les Lothians.	Comté de Midlothian et Haddington.
3. Lanarkshire.	Comté de Linlithgow, Lanark, Renfrew, Dumbarton et Stirling.
4. Ayrshire.	Comté d'Ayr, Dumfries, Argyll.
5. Northumberland.	Comté de Northumberland.
6. Durham.	Comté de Durham.
7. Cumberland.	Comtés de Cumberland et Westmorland.
8. Lancashire et Cheshire.	Comtés de Lancashire et Cheshire.
9. North Wales.	Comtés de Denbigh et Flint.
10. Sud Yorkshire.	Bassin houiller du Sud du Yorkshire.
11. Ouest Yorkshire.	Bassin houiller de l'Ouest du Yorkshire.
12. Nottinghamshire.	Comté de Nottingham.
13. Derbyshire.	Comté de Derby, à l'exclusion du bassin houiller du sud du Derbyshire.
14. South Derbyshire.	Bassin houiller du Sud du Derbyshire.

Noms des Districts.	Comtés ou parties de Comtés compris.
15. North Staffordshire.	Bassin houiller du Nord du Staffordshire.
16. Cannock Chase.	Bassin houiller de Cannock Chase.
17. South Staffordshire et Worcestershire.	Bassin houiller du Sud du Staffordshire et Comté de Worcester.
18. Leicestershire.	Bassin houiller du Leicestershire.
19. Warwickshire.	Comté de Warwick.
20. Shropshire.	Comté de Shropshire.
21. Forêt de Dean.	Bassin houiller de la Forêt de Dean.
22. Somerset.	Comté de Somerset.
23. Bristol.	Bassin houiller de Bristol.
24. South Wales.	Comtés de Monmouth, Glamorgan, Pembroke, Carmarthen et Brecon.
25. Kent.	Comté de Kent.
26. Irlande.	Tous les comtés d'Irlande.

DEUXIÈME PARTIE

Régions houillères.

Noms des Régions.	Districts houillers compris.
1. Ecosse (Scotland).	Fife et Clackmannan, Les Lothians, Lanarkshire et Ayrshire.
2. Northumberland.	Northumberland.
3. Durham.	Durham.
4. Midlands.	Cumberland, Lancashire et Cheshire, Nord du Pays de Galles, Sud Yorkshire, Ouest Yorkshire, Nottinghamshire, Derbyshire, Sud Derbyshire, Nord Staffordshire, Cannock Chase, Sud Staffordshire et Worcestershire, Leicestershire, Warwickshire, Shropshire.
5. Southern.	Forêt de Dean, Somerset, Bristol et Kent.
6. Sud du Pays de Galles.	Sud du Pays de Galles.
7. Irlande.	Irlande.

NOTES

Texte des articles de la Loi du 16 décembre 1911 (*Coal Mines Act, 1911*), cités dans la Loi de 1920.

« Les mots « *petite mine* » (*small mine*) désignent une mine où le nombre total de personnes employées au fond ne dépasse pas trente. » (art. 122).

ART. 16. — (1) Les ouvriers employés dans une mine pourront, en vue d'inspecter la mine, nommer, à leurs frais, deux des leurs, ou bien deux autres personnes qui ne soient pas ingénieurs de mines. Les uns et les autres devront être ou avoir été des ouvriers mineurs exerçant leur profession et avoir eu au moins cinq années d'expérience du travail du fond. Les personnes ainsi nommées auront le droit, une fois au moins chaque mois, et accompagnées, si le propriétaire, l'agent ou le directeur de la mine le juge à propos, soit par lui-même, soit par un ou plusieurs employés (*officials*) de la mine, de se rendre dans chacune des parties de la mine et d'inspecter les puits, galeries, voies de niveau, chantiers, voies d'aérage, appareils d'aérage, anciens travaux et machines et, lorsque dans une mine se sera produit un accident dont la présente loi exige qu'avis soit donné, elles auront le droit, assistées de toute personne agissant comme conseil légal des ouvriers ou d'un ingénieur de mines ou ingénieur électricien choisi par les ouvriers et étant accompagnées comme il est dit ci-dessus, de se rendre au lieu où s'est produit l'accident et d'y faire telle inspection qui peut être nécessaire pour déterminer la cause dudit accident, à condition, toutefois, que soient respectées les clauses de la présente loi exigeant que le lieu où s'est produit un accident soit laissé dans l'état où il se trouvait immédiatement après.

(2) Toutes facilités leur seront procurées aux fins de l'inspection, par le propriétaire, l'agent et le directeur, ainsi que par toutes personnes présentes dans la mine, et, sur leur demande, le directeur communiquera aux personnes nommées comme ci-dessus les certificats de tous boutefeux, surveillants ou députés employés dans la mine ; et lesdites personnes, excepté lorsque l'inspection aura pour but de déterminer la cause d'un accident, devront immédiatement, dans un registre conservé à la mine dans ce but, établir et signer un rapport complet et exact du résultat de l'inspection, rapport dont le propriétaire, agent ou directeur fera immédiatement transmettre une copie conforme à l'inspecteur divisionnaire.

(3) Si le propriétaire, agent ou directeur, ou toute autre personne, refuse ou néglige de fournir les facilités susvisées, ou si le directeur ne produit pas les certificats des boutefeux, surveillants ou députés, ou si le propriétaire, agent ou directeur ne transmet pas, comme il est prévu par le présent article, une copie conforme du rapport, il sera coupable d'une infraction à la présente loi.

ART. 77. — (1) Lorsque, dans toute mine à laquelle s'applique le présent article, une majorité des deux tiers des ouvriers employés à cette mine (majorité devant être déterminée par scrutin) fera connaître au propriétaire de la mine son désir que des installations permettant de prendre des bains et de faire sécher les vêtements soient établies à la mine et s'engagera à payer la moitié des frais d'entretien desdites installations, le propriétaire devra immédiatement établir des installations suffisantes et convenables pour les objets susdits.

Toutefois, le propriétaire ne sera pas obligé de fournir lesdites installations si les frais estimatifs totaux d'entretien dépassent trois pence par semaine pour chaque ouvrier tenu à y contribuer en vertu du présent article.

(2) Des règlements généraux seront établis en vertu de la présente loi dans le but de déterminer ce que l'on doit entendre par installations suffisantes et convenables aux fins du présent article ; et lesdits règlements pourront comporter des prescriptions différentes au regard de différentes catégories ou sortes de mines.

(3) Aux fins du présent article, les frais d'entretien comprennent l'intérêt du capital engagé (intérêt ne devant pas dépasser 5 0/0 par an). Si une contestation s'élève au sujet de l'estimation des frais d'entretien, cette contestation sera, en conformité avec les règlements devant être établis par le Secrétaire d'Etat au sujet de la procédure à suivre et des frais, déférée à un arbitre choisi d'accord entre les parties ou, à défaut d'un tel accord, à une personne nommée par le juge des tribunaux de comté pour le district ou, en Ecosse, par le shérif du comté où est située la mine, et la décision de l'arbitre ou de la personne ainsi nommée, selon le cas, sera sans appel.

(4) Lorsque de telles installations auront été établies, chaque ouvrier de la mine auquel s'applique le présent article (qu'il ait été ou non employé à la mine au moment du vote des ouvriers conformément aux dispositions du présent article) sera tenu de contribuer aux frais d'entretien pour sa quote-part dans la moitié desdits frais (mais cette quote-part ne pouvant dépasser un penny et demi par semaine et par homme), et, nonobstant les dispositions de toutes lois sur le paiement des salaires en nature ou toute convention contraire, le propriétaire sera autorisé à recouvrer lesdites contributions en les déduisant des salaires des ouvriers qui y sont soumis. Toutefois, ne sera pas tenu à cette contribution tout ouvrier qui, par raison de santé et conformément aux règlements de la mine, en sera exempté.

(5) La gestion des installations prévues par le présent article sera confiée à un comité à constituer conformément aux règlements de la mine et dont la moitié des membres seront désignés par le propriétaire de la mine et l'autre moitié par les ouvriers soumis à contribution selon le présent article. Les pouvoirs et obligations du comité touchant la gestion desdites installations seront fixés par les règlements généraux, et le propriétaire de la mine ne sera passible, du chef de tout acte accompli par le comité en conformité de ses pouvoirs ou de tout manquement de la part du comité à remplir ses obligations, d'aucune pénalité pour inobservation des dispositions du présent article.

(6) Les ouvriers auxquels s'applique le présent article sont tous les ouvriers employés au fond, ainsi que tous les ouvriers de la surface employés à la manutention des berlines, au criblage, triage ou lavage de la houille, ou au chargement de la houille sur wagons.

(7) Le présent article ne sera pas applicable à toute mine où le nombre total des ouvriers employés et auxquels s'applique le présent article est inférieur à cent, ni à toute mine détenue par le propriétaire en vertu d'un bail dont le terme restant à courir est inférieur à dix années, ni à toute mine que le Secrétaire d'Etat considérera devoir être épuisée dans un délai de dix ans.

(8) Si le propriétaire d'une mine quelconque manque à se conformer aux dispositions du présent article, il sera coupable d'une infraction à la présente loi.

(9) Si une majorité, déterminée par un scrutin, de deux tiers des ouvriers d'une mine exprime au propriétaire de la mine son désir que le présent article cesse d'être appliqué à ladite mine, le présent article cessera d'être ainsi appliqué à partir d'une date à convenir entre le propriétaire et les ouvriers, à moins que le propriétaire, par un avis placardé à la mine dans le délai d'un mois après notification à lui faite dudit désir, ne déclare n'y pas donner son assentiment.

(10) Il ne pourra pas, dans une mine quelconque, être exprimé à nouveau de désir dans les termes des paragraphes (1) ou (9) du présent article avant que cinq années se soient écoulées depuis la date de l'expression du désir précédent.

Art. 86. — (1) Le Secrétaire d'Etat pourra, par ordonnance, établir tels règlements généraux pour la conduite et la gouverne (*guidance*) des personnes faisant partie de la direction des mines, ou employées aux mines ou dans leurs dépendances qui lui paraîtront les plus propres à prévenir les accidents graves et à assurer la sécurité, santé, confort et discipline des personnes employées dans les mines et leurs dépendances, ainsi que les soins à donner aux chevaux et autres animaux et la manière de les traiter ; et de tels règlements pourront modifier ou amender toute disposition du Titre II de la présente loi, ou de la troisième Cédule annexée à la présente loi.

(2) Les règlements établis par toute ordonnance de ce genre pourront s'appliquer soit à toutes les mines, soit à une classe ou à une catégorie spécifiée de mines, et ils pourront prévoir l'exemption absolue, ou subordonnée à certaines conditions, de toute classe ou catégorie spécifiée de mines.

(3) Les dispositions contenues dans le chapitre Ier de la deuxième Cédule annexée à la présente loi régiront la procédure à suivre pour rendre des ordonnances selon le présent article.

(4) Toute ordonnance rendue selon le présent article sera soumise aussitôt que possible aux deux Chambres du Parlement et elle recevra effet tout comme si elle faisait partie du texte de la présente loi.

(5) Toute ordonnance rendue selon le présent article pourra être abrogée, modifiée ou complétée par une ordonnance rendue de la même manière et soumise aux mêmes dispositions que l'ordonnance primitive.

Art. 87. — (1) Lorsque l'inspecteur de la division, ou le propriétaire d'une mine, ou la majorité, établie par scrutin, des ouvriers employés dans une mine, est d'avis que les règlements généraux en vigueur pour ladite mine devraient, dans leur application à ladite mine, être complétés ou modifiés, l'inspecteur, le propriétaire ou ladite majorité d'ouvriers pourra soumettre à l'approbation du Secrétaire d'Etat des règlements spéciaux pour la mine.

(2) Les dispositions contenues au chapitre II de la deuxième Cédule annexée à la présente loi régiront la procédure à suivre en vue d'obtenir l'approbation du Secrétaire d'Etat.

(3) Lorsque des règlements spéciaux auront été approuvés par le Secrétaire d'Etat et jusqu'à ce qu'ils aient été abrogés, ils recevront effet, en ce qui concerne ladite mine, tout comme s'ils faisaient partie des règlements généraux applicables à la mine.

(4) Lorsque des règlements spéciaux sont en vigueur pour une mine, ils peuvent, sur la demande de l'inspecteur de la division, du propriétaire de la mine, ou de la majorité des ouvriers employés dans la mine, être abrogés, modifiés ou complétés, et cela de la même manière et sous les mêmes conditions que celles s'appliquant à l'établissement des règlements spéciaux primitifs.

Art. 117. — (1) Tel nombre de personnes qui pourront être désignées par le comité d'arbitrage (*reference committee*) ci-après mentionné constituera une liste (*a panel*) de personnes appelées à agir comme arbitres aux fins de la présente loi.

(2) Le comité d'arbitrage pourra établir des règlements sur la manière dont, dans chaque cas particulier, sera choisi l'arbitre, sur la procédure à suivre devant un arbitre et sur les frais de la procédure arbitrale (y compris la rémunération de l'arbitre).

(3) Le comité d'arbitrage sera composé du *Lord Chief Justice of England*, du Lord Président de la *Court of Session*, et de telle personne spécialement qualifiée par ses connaissances éminentes en matière minière que pourront choisir le Lord Chief Justice et le Lord Président.

Deuxième Cédule. — Partie I. — *Procédure à suivre pour l'établissement de règlements généraux.* — (1) Avant de rendre une ordonnance, le Secrétaire d'Etat publiera, dans la forme qu'il estimera la plus propre à l'information des personnes intéressées, avis de son intention de rendre l'ordonnance, du lieu où des copies du projet d'ordonnance peuvent être obtenues et du délai (qui ne devra pas être moindre de trente jours) pendant lequel toutes objections relatives au projet d'ordonnance faites par des personnes intéressées, ou pour leur compte, doivent être envoyées au Secrétaire d'Etat.

(2) Toute objection devra être formulée par écrit et mentionner :

a) les raisons précises de l'objection ;

b) les suppressions, additions ou modifications demandées.

(3) Le Secrétaire d'Etat examinera toute objection faite par des personnes lui paraissant être des personnes intéressées, ou pour compte de celles-ci, qui lui sera envoyée dans le délai fixé, et il pourra, s'il le juge convenable, amender le projet d'ordonnance ; les dispositions qui précèdent s'appliqueront alors au projet amendé de la même manière qu'elles s'appliquent au projet original.

(4) Si, après la publication de l'avis relatif à un tel projet d'ordonnance (soit un projet original, soit un projet amendé), une objection générale telle que ci-après définie est faite, dans le délai fixé, relativement audit projet, et qu'elle ne soit pas retirée, l'ordonnance ne sera pas rendue par le Secrétaire d'Etat jusqu'à ce que cette objection ait été soumise à un arbitre choisi, de la manière prévue par les règlements établis à cet effet, sur une liste d'arbitres nommée selon la présente loi.

Si, au cours de cet arbitrage, l'arbitre est d'avis qu'il est nécessaire, en vue de satisfaire à l'objection, de modifier le projet d'ordonnance, il recommandera toute modification qu'il considérera nécessaire ou convenable, et effet sera donné dans l'ordonnance, si elle est rendue, à ces recommandations.

(5) Le comité d'arbitrage (*reference committee*) pourra nommer toute personne, ou personnes, possédant des connaissances juridiques ou spéciales, en vue d'agir en qualité d'assesseur, ou d'assesseurs, auprès de l'arbitre.

(6) Si le Secrétaire d'Etat considère qu'une objection, bien que n'étant pas une objection générale, est d'un caractère tel qu'il est désirable de la soumettre à un arbitre, il pourra le faire, et dans ce cas les dispositions ci-dessus seront applicables comme dans le cas d'une objection générale.

(7) Si une objection, bien que n'étant pas une objection générale, est faite pour le compte des propriétaires de mines d'une catégorie particulière de mines, ou des propriétaires de mines situées dans une région déterminée, et qu'il soit allégué dans ladite objection que par suite des conditions naturelles spéciales ou des méthodes spéciales d'exploitation dans les mines de cette catégorie ou dans les mines de cette région les règlements proposés ne devraient pas s'appliquer auxdites mines, le Secrétaire d'Etat, à moins qu'il ne soit d'avis que l'objection est insignifiante, la soumettra à un arbitre, et dans ce cas les dispositions ci-dessus seront applicables comme dans le cas d'une objection générale.

(8) Aux fins de la présente section, une « objection générale » signifie une objection faite soit par des, ou pour le compte de propriétaires de mines employant un tiers au moins du nombre total des hommes employés aux mines visées par le projet d'ordonnance ou, si l'ordonnance contient différentes dispositions pour différentes catégories de mines, du nombre total des hommes employés dans telle catégorie quelconque de mines, soit par ou pour le compte d'au moins un tiers du nombre total des hommes ainsi employés.

Le nombre des hommes employés sera calculé conformément aux états (*returns*) pour l'année précédente fournis aux inspecteurs par les propriétaires de mines en exécution des dispositions de la présente loi.

Partie II. — *Procédure à suivre en cas de règlements spéciaux envoyés au Secrétaire d'Etat en vue de son approbation.* — (1) Lorsque des règlements spéciaux auront été envoyés, selon la présente loi, au Secrétaire d'Etat en vue de son approbation, il les examinera, puis leur donnera ou leur refusera son approbation.

Si le Secrétaire d'Etat refuse d'approuver les règlements spéciaux, sa décision ne sera susceptible d'aucun recours.

Avant que le Secrétaire d'Etat approuve les règlements spéciaux, il sera publié, de la manière que le Secrétaire d'Etat estimera la plus propre à l'information des personnes intéressées, un avis de l'intention d'établir les règlements, du lieu où des copies du projet de règlements peuvent être obtenues et du délai (de 30 jours au moins) pendant lequel toutes objections relatives au projet de règlements faites par des personnes intéressées, ou pour leur compte, doivent être envoyées au Secrétaire d'Etat.

(2) Toute objection devra être formulée par écrit et mentionner :

a) les raisons précises de l'objection ;

b) les suppressions, additions ou modifications demandées.

(3) Le Secrétaire d'Etat examinera toute objection faite par des personnes lui paraissant être des personnes intéressées, ou pour compte de celles-ci, qui lui sera envoyée dans le délai fixé, et il pourra, avant d'approuver les règlements spéciaux, requérir qu'il y soit apporté tels amendements qu'il jugera convenable.

(4) Si le propriétaire, ou une majorité d'ouvriers, qui ont envoyé une objection à des règlements spéciaux envoyés à l'approbation du Secrétaire d'Etat se croient lésés par le refus du Secrétaire d'Etat de donner suite à leur objection, l'objection sera soumise à un arbitre choisi, de la manière prévue par les règlements établis à cet effet, sur une liste d'arbitres nommée selon la présente loi.

Si, au cours de cet arbitrage, l'arbitre est d'avis qu'il est nécessaire, en vue de satisfaire à l'objection, de modifier les règlements, il recommandera toute modification qu'il considérera nécessaire ou convenable, et le Secrétaire d'Etat, avant d'approuver les règlements, exigera que ladite modification y soit apportée.

Troisième Cédule. — 1. Aucun cheval ne sera descendu au fond s'il n'est âgé d'au moins quatre ans, s'il n'a été examiné, de la manière prescrite, par un vétérinaire dûment qualifié et s'il n'a été certifié non atteint de la morve.

2. Tous les chevaux du fond devront, lorsqu'ils ne travailleront pas, être abrités dans des écuries convenablement construites et dans des boxes de dimensions adéquates.

3. Toutes les écuries en service devront être séparées de toute galerie servant à la circulation ou au transport de minéraux ; elles devront être aérées constamment et complètement au moyen d'air frais, être nettoyées chaque jour et tenues en condition salubre ; tous les toits, murs et cloisons, à moins d'être peints ou d'être construits en ardoise, en tuiles, en briques vernissées ou en fer, devront en être blanchis à la chaux une fois au moins tous les trois mois.

4. Des personnes compétentes, ci-après dénommées « palefreniers », au nombre d'au moins un palefrenier par 15 chevaux, seront désignées par écrit par le directeur en vue de prendre soin des chevaux du fond durant leur présence dans les écuries, ainsi que des écuries.

5. Une ration suffisante de nourriture saine et d'eau pure sera fournie journellement à chaque cheval tant pendant son séjour à l'écurie qu'au cours de son travail.

6. Un approvisionnement suffisant de médicaments, onguents et objets de pansement convenables, ainsi qu'un dispositif ou des dispositifs convenables pour l'abatage de chevaux qu'il est nécessaire d'abattre devront être fournis et tenus en état de pouvoir être employés aussitôt qu'il est besoin.

7. Il ne devra être employé à un travail quelconque, et le palefrenier ne devra laisser sortir pour travailler, aucun cheval en mauvais état, n'étant pas ferré d'une façon convenable, ou n'étant pas muni d'un harnais à sa mesure en bon état et comportant des œillères.

8. Le conducteur qui sera chargé d'un cheval en demeurera responsable pendant tout le temps que, durant son poste, le cheval restera au travail et, à moins qu'il n'ait reçu un ordre différent, ledit conducteur devra, à la fin du poste, ramener le cheval au palefrenier dans l'écurie.

9. Aucun cheval aveugle ne devra travailler dans une mine.

10. Le conducteur ayant charge d'un cheval devra aviser immédiatement l'employé (*official*) sous les ordres duquel il est placé de toute blessure ou de tout surmenage du cheval, de toute insuffisance de la ration de nourriture ou d'eau, de chaque cas où le corps du cheval ou son harnais frotte contre le toit ou les parois et de chaque cas où le harnais est défectueux.

11. Le palefrenier devra, aussitôt que possible après le retour d'un cheval à l'écurie, examiner le cheval et son harnais, s'occuper de toute blessure du cheval, le nettoyer et le panser lui-même ou le faire nettoyer et panser.

12. Tout employé (*official*) sous la direction duquel travaille le conducteur d'un cheval, ainsi que tout palefrenier devront immédiatement aviser le directeur ou le sous-directeur de tout cas venant à leur connaissance de maladie ou de blessure d'un cheval, de marques de mauvais traitements constatées sur un cheval, de surmenage d'un cheval, de défectuosité de harnais susceptible de causer une souffrance ou une blessure à un cheval, et, jusqu'à ce qu'autorisation en ait été donnée par le directeur ou le sous-directeur, on ne devra permettre qu'aucun cheval au sujet duquel un tel avis a été transmis sorte pour travailler.

13. Chaque palefrenier tiendra, sur un registre devant être conservé à la mine, l'état de tous les chevaux confiés à ses soins, et il y fera un rapport journalier sur la condition de chaque cheval, le conducteur auquel il a été donné en charge, l'heure à laquelle il a été sorti des écuries et l'heure à laquelle il y a été ramené.

14. Tout registre tenu par un palefrenier en vertu des dispositions ci-dessus de la présente Cédule pourra être examiné par tout inspecteur spécial.

15. Soit par lui-même, soit par une personne compétente désignée par lui dans ce but, le directeur exercera sur tous les palefreniers, conducteurs et autres personnes employées à raison des chevaux en service dans la mine telle surveillance personnelle qui sera nécessaire pour assurer l'observation dans la mine des dispositions de la présente loi relatives aux soins à donner aux chevaux dans les mines et la manière de les y traiter.

16. Le propriétaire, agent ou directeur fournira, comme partie du rapport (*return*) qu'il est tenu de faire annuellement à l'inspecteur de la division, un relevé indiquant le nombre des chevaux en service dans la mine, le nombre des chevaux morts pendant l'année par suite de blessure par accident ou maladie, ou qui ont dû être abattus par suite de blessure ou de maladie, ainsi que le nombre d'autres cas de blessure ou de mauvais traitements dont, selon les dispositions de la présente Cédule, le directeur aura été avisé.

17. Dans la présente Cédule, l'expression « cheval » s'appliquera également aux poneys, aux mulets et aux ânes.

Art. 122 (extrait). — Le mot « *propriétaire* », employé à propos de toute mine, désigne une personne, ou collectivité ayant personnalité juridique, qui est le propriétaire immédiat, le locataire immédiat ou l'occupant de toute mine ou partie d'une mine et, dans le cas d'une mine dont les affaires sont entre les mains d'un liquidateur ou d'un syndic (*receiver*), comprend ce liquidateur ou ce syndic ; mais il ne comprend pas une personne, ou collectivité ayant personnalité juridique, qui simplement reçoit d'une mine une redevance, rente fixe (*rent*) ou un droit (*fine*), ou qui est simplement le propriétaire d'une mine soumise, pour son exploitation, à un bail, cession ou permis, ou qui est simplement le propriétaire du sol et n'est pas intéressé dans les minéraux de la mine : mais tout entrepreneur pour l'exploitation d'une mine quelconque, ou de toute partie de mine, sera assujetti à la présente loi de la même manière que s'il était un propriétaire, mais sans dégager le propriétaire d'aucune responsabilité.

Le mot « *agent* », employé au sujet de toute mine, signifie une personne désignée ou agissant comme le représentant du propriétaire en ce qui concerne toute mine, ou toute partie d'une mine, et comme telle supérieure à un directeur nommé en exécution de la présente loi ;

Art. 2. — (1) Chaque mine sera placée sous les ordres d'un directeur, responsable du contrôle, de la gestion et de la direction de la mine ; et le propriétaire ou l'agent de chaque mine désignera soit lui-même, soit toute autre personne pour être le directeur de la mine.

(2) Si une mine est exploitée sans avoir le directeur qu'exige le présent article, le propriétaire et l'agent seront chacun coupables d'une infraction à la présente loi.

Toutefois, si, par suite de décès, de démission, ou autrement, la personne désignée pour être directeur de la mine vient à cesser ses fonctions, rien dans le présent article ne pourra s'opposer à ce que la mine soit exploitée (pour une période ne dépassant pas quatre mois) jusqu'à la nomination d'un nouveau directeur, à condition que, dans l'intervalle, une personne compétente et titulaire du certificat de capacité de 1ʳᵉ ou de 2ᵉ classe prévu dans la présente loi soit chargée provisoirement d'accomplir les obligations et d'exercer les pouvoirs du directeur.

(3) Toute petite mine (*small mine*) sera exemptée des stipulations du présent article, à moins que, par une signification écrite faite au propriétaire ou à l'agent de la mine, l'inspecteur de la division ne requière qu'elle soit placée sous le contrôle d'un directeur. Dans toute mine ainsi exemptée où aucun directeur n'aura été nommé, les pouvoirs conférés et les obligations imposées au directeur seront exercés et remplis par le propriétaire ou l'agent, et tout ce que la présente loi prévoit comme devant être accompli par le directeur ou à son égard sera accompli par le propriétaire ou l'agent ou à leur égard.

(4) Le propriétaire ou l'agent d'une mine pour laquelle le contrôle d'un directeur est exigé ne pourra prendre aucune part à la direction technique de la mine, à moins qu'il n'ait les qualifications requises d'un directeur.

(5) Aux fins du présent article, des travaux desservis par une ventilation commune, ou par une partie commune d'un même système de ventilation, seront réputés faire partie d'une même mine.

Art. 3. — (1) Dans chaque mine pour laquelle le contrôle d'un directeur est exigé, une surveillance personnelle quotidienne sera exercée par le directeur et, lorsqu'un sous-directeur a été nommé par le propriétaire ou l'agent de la mine, également par ce sous-directeur.

(2) Au cas où, en raison de l'absence du directeur ou du sous-directeur, par suite de congé, de maladie, ou pour toute autre cause temporaire, la surveillance personnelle quotidienne exigée par le présent article ne peut être exercée, des arrangments devront être pris pour que les obligations du directeur ou du sous-directeur, selon le cas, soient remplies en ce qui regarde la surveillance personnelle quotidienne :

a) en l'absence du directeur, par le sous-directeur, s'il y en a un, ou par une personne âgée au moins de vingt-cinq ans et titulaire du certificat de capacité de 1ʳᵉ ou de 2ᵉ classe prévu par la présente loi, nommée par écrit par le propriétaire ou l'agent ;

b) en l'absence du sous-directeur, s'il s'agit d'une mine où la présente loi exige la nomination d'un sous-directeur spécial, par une personne âgée d'au moins vingt-cinq ans et titulaire du certificat de 1ʳᵉ ou de 2ᵉ classe prévu par la présente loi, nommée comme il est dit ci-dessus.

Et toute personne remplissant les fonctions d'un directeur ou d'un sous-directeur, en vertu du présent article ou de l'article précédent, aura la même responsabilité que la personne dont elle remplit les fonctions et elle sera soumise aux mêmes sanctions.

(3) Si, dans une mine, il se commet une infraction aux dispositions du présent article, ou si elles n'y sont pas observées, la mine sera considérée comme n'étant pas dirigée (*managed*) conformément à la présente loi.

Art. 4. — (1) Après le 1ᵉʳ janvier 1913, nul directeur d'une mine ne pourra, sans l'autorisation de l'inspecteur de la division, être le directeur d'une autre mine pour laquelle le contrôle d'un directeur est exigé si le nombre global de personnes employées au fond de la mine dont il est le directeur et de cette autre mine dépasse 1.000, ou si tous les puits ou accès (*adits*) en usage à ce moment pour l'exploitation de la mine dont il est le directeur et de cette autre mine ne sont pas compris dans un cercle de deux milles de rayon au maximum.

(2) Lorsqu'une seule personne sera désignée pour être le directeur de deux ou plusieurs mines pour lesquelles le contrôle d'un directeur est exigé, un sous-directeur spécial sera nommé pour chaque mine.

(3) Si le Secrétaire d'Etat estime que la surveillance et le contrôle personnels exercés par le directeur d'une mine sont insuffisants du fait que la personne qui est le directeur de cette mine est aussi le directeur d'une ou de plusieurs autres mines, le Secrétaire d'Etat peut limiter par une ordonnance (*order*) le nombre de telles mines où les fonctions de directeur sont remplies par une seule personne.

Au cas où le propriétaire, l'agent ou le directeur de la mine contesterait l'opportunité de l'ordonnance, la question sera réglée suivant la procédure prévue dans la présente loi pour le règlement des litiges.

(4) Toute personne qui contreviendra à une pareille ordonnance, ou qui sera de connivence avec un contrevenant, sera coupable d'une infraction à la présente loi.

ART. 5. — (1) Nul ne sera qualifié pour être nommé, ou être directeur d'une mine pour laquelle le contrôle d'un directeur est exigé, s'il n'est âgé d'au moins vingt-cinq ans et, à ce moment, enregistré comme titulaire du certificat de capacité de 1re classe prévu par la présente loi.

(2) Nul ne sera qualifié pour être nommé, ou être sous-directeur d'une mine, ou directeur d'une mine pour laquelle le contrôle d'un directeur n'est pas exigé, s'il n'est, à ce moment, enregistré comme titulaire du certificat de capacité de 1re ou 2e classe prévu par la présente loi.

ART. 6. — Lorsque, en exécution de la présente loi, une personne aura été nommée directeur ou sous-directeur d'une mine, ou désignée pour en remplir temporairement les fonctions, le propriétaire ou l'agent fera parvenir à l'inspecteur de la division avis du nom et de l'adresse de ladite personne, ainsi que du numéro et de la classe du certificat dont elle est titulaire, à défaut de quoi il sera coupable d'une infraction à la présente loi.

TABLE DES ARTICLES

TITRE I

Administration générale de l'Industrie minière.

TITRE II

Réglementation des Mines de combustible.

TITRE III

Dispositions générales.

CÉDULES